This Book Belongs To:

_____

Joy AriLuck

Thank you!

We hope you enjoyed your purchase. If so, please take a moment to leave it as a REVIEW, it would really help us a lot to improve the work. We don´t exist without you!

THANKS FOR YOUR AMAZING SUPPORT!

If you have any problems, or queries with your book please email us at:

@ info.ariluck@gmail.com

Joy AriLuck

Joy Ari Luck

Joy Ari Luck

Joy Ari Luck

Joy Ari Luck

Joy Ari Luck

Joy Ari Luck

Joy Ari Luck

Joy Ari Luck

Joy AriLuck

Joy Ari Luck

Joy Ari Luck

Joy Ari Luck

Joy AriLuck

Joy Ari Luck

Joy Ari Luck

Joy Ari Luck

Joy Ari Luck

Joy Ari Luck

Joy Ari Luck

Joy Ari Luck

Joy Ari Luck

Joy Ari Luck

Joy Ari Luck

Joy Ari Luck

Joy Ari Luck

Joy AriLuck

Joy Ari Luck

Joy Ari Luck

Joy Ari Luck

Joy Ari Luck

Joy Ari Luck

Joy Ari Luck

Joy Ari Luck

Joy AriLuck

Joy Ari Luck

Joy Ari Luck

Joy AriLuck

Joy Ari Luck

Joy Ari Luck

Joy Ari Luck

Joy Ari Luck

Joy Ari Luck

Joy Ari Luck

Joy Ari Luck

Joy Ari Luck

Joy Ari Luck

Joy Ari Luck

Joy Ari Luck

Joy Ari Luck

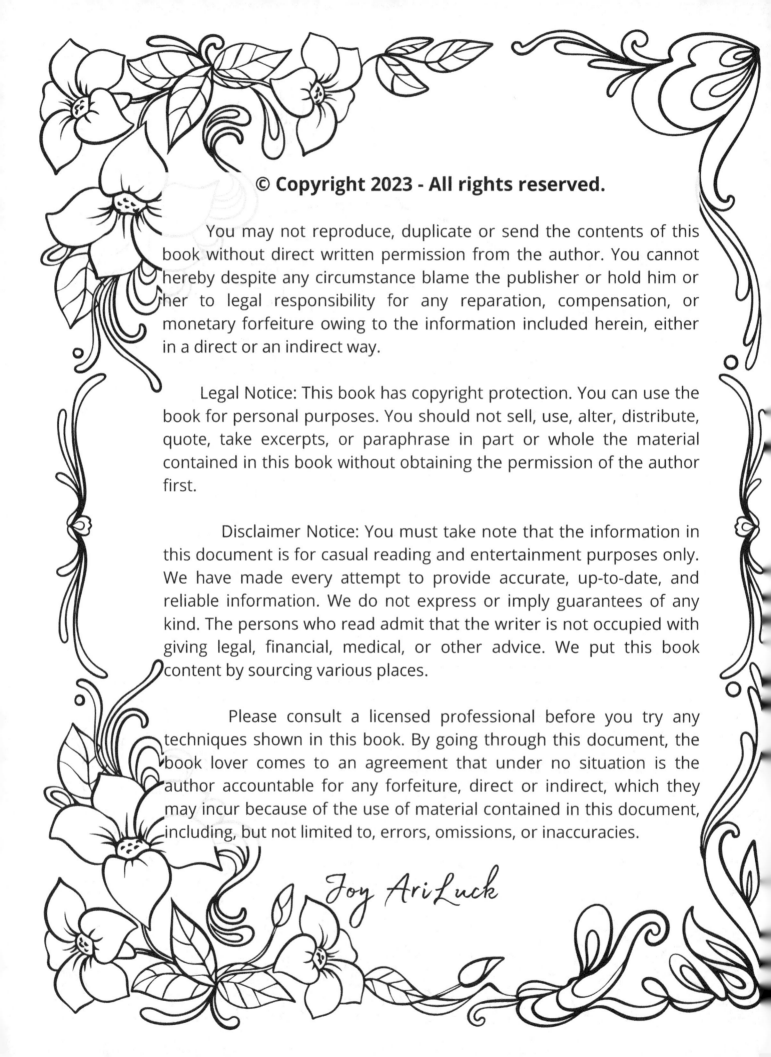

Made in the USA
Coppell, TX
07 October 2023

22498439R20057